Jean-Marc Buttin

Éventaire, bleu d'écaille

éditions Dédicaces

ÉVENTAIRE, BLEU D'ECAILLE, par Jean-Marc Buttin

Publié par les Éditions Dédiicaces.

Tous les droits sont réservés. Aucune partie de cette publication ne peut être reproduite, stockée ou transmise sous quelque forme ou par quelque moyen que ce soit, électronique, mécanique, photocopie, enregistrement, numérisation ou autre sans l'autorisation écrite de l'éditeur. Il est illégal de copier ce livre, de l'afficher sur un site Web ou de le distribuer par tout autre moyen sans permission.

Copyright © Jean-Marc Buttin, 2019.

AUX EDITIONS BAUDELAIRE :
Marée Maline Poèmes (2009)
A cherche peur Poèmes (2011)
Parloir, refrain d'exorcisme, poèmes (2013)

AUX ÉDITIONS DEDICACES :
Temps nu lazuli Poèmes (2012)
Cristaux de foudre poèmes (2012)
Quelle heure est-il dans le grimoire du temps (2014)
Pas la peine de faire semblant d'y croire (2015)
Vers, murmures écrits (2017)

SERIE DE RECUEILS DE POESIE, MILLE POETES (2000-2008) :
Jonquille et Lazuli
Frousse Chagrin Lazuli
Source Lazuli
Ermitage Lazuli
Houle Lazuli

AUX EDITIONS HUBERT LAPORTE :
Angèle, sang d'amour roman 1993.

Jean-Marc Buttin

Éventaire, bleu d'écaille

Au cœur d'un bel été.

La montagne, posée sur le toit,
Mange mon regard, en désarroi.
Sur l'herbe rase là-haut, jaunie,
Les premiers frimas, l'été fini.

Un amour est mort à son désir,
D'autres naîtront peut-être demain.
Sur le gazon, rouler de plaisir,
Aux caresses fougues, tendres mains.

La peau sent la terre de chaleur,
Sous la brise des altitudes.
Le parfum d'amour de nos sueurs.
Nos corps empreints d'incertitudes.

Le plaisir des cimes de géants
Nous transporte au plus haut des sommets,
Au point d'équilibre des amants,
Quand l'orgasme livre ses secrets.

Un frisson d'automne me saisit.
Au profond brumeux de la vallée,
Je caresse encore la prairie
Des amours, au cœur d'un bel été.

Rue saute minet.

Sur ma route, deux chats noirs
Sont sur le toit de tôle,
D'une voiture du trottoir.
En rut, tous deux minaudent.

Agiles et bondissants,
Se roulant, seuls sous le ciel.
Une chatte en ses chaleurs,
Un matou à son appel.

Dans cette rue étroite,
Glissant sans fin vers la mer,
Deux chats passent la patte
Dans un espace entr'ouvert.

Le soleil feu et le vent
S'effacent de ce moment.
Seul un beau silence sec,
Comme un doux parfum d'échec.

Un gros homme trébuche,
Sautille et se rattrape.
Une de ces embûches,
Quand les amours dérapent.

Il n'y a plus aucun chat,
Dans l'interstice du temps.
Le souffle léger du vent.
Dans le caniveau, un rat.

Bleu d'écaille.

Une sardine,
Sur le grill à se dorer,
Ne craint pas de transpirer.

Elle rissole,
Garde la ligne,
Croquante et croustillante.

Pas une arête
Ne dépasse,
Elle s'insole.

L'océan de nuages,
Loin de la rôtissoire,
D'un orage au loin
Donne des gouttes
A la dune asséchée.

Une sardine frétille
D'un désir de sel
Sur une écaille bleue.

Une braise,
Rouge de vent,
Pour une chair
A point.

Espoir animal sur canapé mou.

Je suis de la harde de haine
Des bas côtés où le pas traîne
Je déchire la chair des amours
Pour nourrir mes frousses de vautours

Je suis du vol des hirondelles
Du vaste ciel en ribambelles
Je gobe l'air et ses mouchillons
En arabesques je tourne en rond

Je ne pense plus je m'enivre
Des parfums de la meute à suivre
Dans la curée des espoirs déments
Crocs acérés je happe le vent

Je sens l'odeur de foutre et de sang
Le crime roi sur tous les écrans
Je reste mou sur mon canapé
Gavé de spots de publicité

J'entends le monde qui tourne en rond
Au creux de savants discours abscons
Une bonne bière entre les mains
Il est déjà trop tard pour demain.

Inventaire

Au cœur en errance
Reclus derrière sa porte ouverte aux vents
Un poète

Au bord de la rivière
Dans son immense chagrin froid
Une voie sur berge vide

Aux lèvres du soleil
Rayonnante
Une femme

Au quotidien morose
La horde en vacuité
Déchire
Ses amours.

Rien n'est sûr.

Bien sûr que non !
Je ne t'aime pas
Ni ne te désire !

C'est comme un rêve
D'amour
Une embellie

Un souffle dans le vent
Caresse
De sable

Un baiser de nuage
Lèvres
Bleues

Une fièvre calme
Mer mirage
Etale et plate

Un oubli passager
Dans les passes d'amour
Des grains de peau

Je ne t'aime pas
Ni ne te désire !
Peut-être que non.

Baiser bleu.

Il existe déjà
Sur le décompte futur
Du temps
D'un calendrier d'avenir
Ce jour

Cet instant
Au cœur chaud
D'un désir
De regards croisés
Sur le même horizon

Cet éternel
Et furtif
Baiser d'un jour d'amour
Sur nos lèvres bleues
Il existe déjà

Au cœur d'un été
Sur les plages de son hiver
Aux feuilles d'automne
Jonquilles de printemps
Sel d'abandon.

Sel de mer.

L'amour prospère
Fleurit
Se densifie
Quand il y a
Suffisamment
De sel saupoudré
Sur le rêve

Boisson d'écume
Et d'embruns
Sirop de mer
Sur une peau hâlée
Pour une langue
Rêche
De mots brûlants

Caresses sèches
Râpeuses
Sur une face
Aux yeux fermés
De lèvres gercées
Bleuies du froid
D'un rêve figé.

Bulles minérales.

« *Water minéral* » sur l'étiquette
Eau de bulles pétillantes
Source italienne de soleil
Dans tes yeux mille couleurs

Oser l'inconnu l'incertain
Le futur s'offre en bulles froides
Sur la langue en quête de sel
Quelques chauds frétillements

Des mots aveux se glissent
Entre les gouttes toniques et fraîches
Pour une soif de devenir
A étancher de tous regrets

Je bois l'accent de tes paroles
Oasis au cœur d'un vieux désert
A pleines dents je croque
Les bulles chantent un bel été

Une cascade chaude
Ruisselle ses caresses
Sur la peau de belles promesses
Au miroir de bulles claires.

Création.

Dieu a jeté ses pinceaux
Une image vibre de lumière
Au matin des caresses d'un espoir
L'univers émerge d'un frisson
Métal d'un horizon bleuté
Comme le soleil
D'un ciel de givre

Tes fesses.

Cœur sec.

Une peau s'est plissée
Aux caresses de l'ennui
Un rêve s'est enfoui
Dans les sables d'un désert
Un regard s'est posé
Dans un autre regard
Un espoir a germé
Comme un désir

Entre les dunes de ton corps
Une oasis d'eau fraîche
Aux lèvres de baisers
D'une eau claire

Un vent de sable a tout déchiré
De silice une peau écorchée
Un triste désir égaré
Sur les formes écornées
Des plis d'un velours de nuit

Un cœur sec bat la mesure
D'une musique oubliée
Sur les bords d'un rêve
Aux caresses d'un ciel étoilé.

Comptine

Je te tiens
Tu me tiens
Par la barbichette
Comptine comptine

Tes fesses
Ta peau
Tes baisers

Tire la bobinette
Et la chevillette cherra
Qui vivra verra

Loup y'es-tu
Entends-tu
Que fais-tu

Tes yeux
Tes lèvres
Tes cheveux

Je me tiens
Tu te tiens

Aux ressacs du temps
Le désir module
Mode d'emploi
La mère Michel a perdu son chat

Compte les jours
Le premier qui rira
L'autre l'embrassera.

Au fil du temps des amours...

La dernière fois
Que l'on s'est tenu
Dans nos bras aimants

La prochaine fois
Nous nous retiendrons
Caresses d'amants

Encore une fois
L'un contre l'autre
L'espace et le temps

Une fois là-haut
Aux frissons de peau
Embellie sans mot

Une et deux et trois
Mille et puis des cents
L'amour nous fait rois

A trop se vouloir
A soi même absent
Le rêve et l'espoir

Nos belles amours
Sable chaud secret
Îles de nos jours.

Déjà demain.

Quand tes fesses lourdes
Au soleil nucléaire
Tomberont trop lasses
De caresses blasées
La mer claquera de ses vagues
Sur les rochers de l'estran
D'une île perdue au cœur d'océan
Où mon rêve poursuivra
Le désir fou des formes
D'une déesse à jamais trop aimée
Qu'une main décharnée effleurera
D'un os sec et rêche
Pour un ultime frisson d'éternité.

Sur ma peau de vent.

Une nouvelle fois
Une coccinelle
Sur mon bras
Dessine une arabesque

Au cœur de ma nuit
Un message incertain
Atomique et lumineux
Un frisson d'au-delà

Je t'aime aux jours qui passent
A languir le lendemain
Tes lèvres aux mots d'amours
Sur la trame de ma vie

Le désir au corps
Brûle l'impatience du temps
Je te sais aux détours de mes doutes
D'une caresse sur le tendre espoir

Une coccinelle
Est venue me dire
Le secret des amours
Il s'écrie sur ma peau
Des lettres de ton nom.

Caillou froid.

Comme un caillou froid et rêche
Les jours se frottent rugueux
Sur la peau de nos amours
Une mélancolie au fond des yeux
Qu'un soleil canicule assèche

Tes fesses courbent l'horizon
De mon désir regard d'avenir
Dans le bleu de tes yeux une vague
Emporte toutes les promesses
Reste la plage des marées basses

Parfum iodé d'un élixir
Couleur de lavande au chaud soleil
L'envie de t'enlacer t'embrasser te caresser
Comme une étreinte au cœur de poitrine en feu
L'espoir fou de cet amour cogne sa rage

Qu'en sera-t-il des lendemains incertains
Peut-être une découverte peut-être rien
Une rencontre au détour des hasards
Une caresse au creux des chagrins
Un baiser pour sceau d'éternité…

Petit oubli.

De la multitude des humains
Résonne cette plainte sourde
Venue des profondeurs du lointain
Mystère d'une lave lourde

Mâles sans spermatozoïde
Les hommes d'essence éphémère
Poussière d'un astéroïde
Au rêve bleu d'une autre Terre

Espèce en errance de survie
Aux quatre coins de son absence
Chacun brode autour de son envie
En salves de belle arrogance

Mon amour je t'imagine alors
Déesse nue sortant de ton bain
Nous caressons amants l'âge d'or
Des grains de sable au creux de la main

Le temps s'écoule de ce cri sourd
Vers le sel de mer invisible
Il ronge nos peaux brèches d'amour
Ouvertes aux vents irascibles

De la multitude des destins
S'harmonise une onde de désir
Au croisement des marches sans fin
Sur la plage un oubli à saisir

Au dernier homme encore fertile
Restera l'impossible rêve
De se connaître aimé d'une île
De lave brûlante de sève.

Plage de Sainte Croix.

Des femmes sous la douche
Des vagues sur leurs seins nus
Le sable où l'on se couche
Houle de rêves confus

Une méduse flasque
Ondule sur le ressac
Vent en chaudes bourrasques
Serviettes jetées en vrac

La plage au soleil sable
Donne les peaux basanées
Aux regards insatiables
De désirs entrecroisés

Une rumeur ronronne
Le doux plaisir partagé
De milliers de personnes
En rabanes allongées

Les vagues et le vent doux
Enroulent et emportent
Le moindre cri de courroux
L'été garde la porte

Plages Méditerranée
Sur le sable rapprochées
Hommes et femmes couchés
Sur les rives de la paix.

Rêve plat.

J'ai rêvé mille fois
De tes fesses de déesse
Je me croyais le roi
De nos voyages caresses

Je me suis endormi
Aux creux d'un oubli souvenir
Je me suis assoupi
Aux portes de notre avenir

Ta langue roule mots
Sur la peau rugueuse de froid
D'un tout petit halo
Sous les frissons de ses dix doigts

Tu jouis au lointain
Des baisers de glace vive
Tu accroches la main
Des anses bleues des dérives

Sur un quai d'horizon
J'ai posé ta photographie
Pour les mortes saisons
Aux tempêtes fièvres d'envies.

Peinture de nuit d'été.

Quelques taches, flaques couleurs,
Dans un flou indéterminé.
Caresse de douce chaleur,
Le mordant d'un tendre baiser.

Sous l'orage sec de juillet,
Blottis de nos frissons de froid,
Aux silences de nos secrets,
Nos lèvres, murmures d'émois.

Le temps d'amours, perdues au temps.
Le désir, pour scander la nuit.
Des éclairs d'orages violents
Aux spasmes de nos appétits.

Les roulements sourds de tonnerre
Aux cloisons de feu tremblantes.
Deux corps sueur flottant dans l'air.
Nuit d'amours exubérantes.

Un tableau blanc reste à peindre
Dans le cadre des devenirs
Nid d'orage pour s'étreindre,
Aux couleurs de mots à rougir.

Germination d'amour.

Les mots insoumis vont s'épandre
Comme l'eau d'un fleuve lourd
Traînant son limon caché
Dans la moiteur d'un air humide
Entre les rives imprécises
D'un delta ouvert aux vents

Loin de vous je cherche les vagues
D'un océan promis aux profondeurs
Sur les rizières sèches craque la terre
Des vertes espérances d'un grain à moudre
Je dessine les courbes de votre corps
En enlacements de canaux infinis

Je caresse les digues les plus hautes
D'un sable mordant le fil du temps
Je cours lentement vers vous
Roulant d'une puissance sourde
Le ciel couvre de son bleu tendre
L'espace ouvert de ce ruissellement

La terre boira jusqu'à satiété
Toutes les saveurs sucrées
Et le sel dilué de passion
Une boue fertile nourrira
Chaque grain de fol espoir
Que le désir germera de son soleil.

Ménestrel pour troubadour.

J'ai caressé tous les espoirs
Dans le sens des jours à venir
Me regardant dans les miroirs
Magie du rêve à s'alanguir

Le temps glissait sur l'image
Floue des couleurs de l'incertain
Les senteurs d'amours sauvages
Comme gants souples sur les mains

Je cheminais à reculons
Sur le grain de peau caresses
Tordant le cou des fous soupçons
Nourris aux rides paresse

Sur tes lèvres de désir bleu
J'ai cueilli les baisers d'amour
Espérant trouver dans tes yeux
Le billet d'aller sans retour

J'ai griffé ton corps de mon sceau
Aux marques d'absence et d'oubli
Aux détours criés de vains mots
J'ai avalais nos chuchotis

Un brouhaha d'habitudes
Bourdonne le cours de nos jours
Se trame une lassitude
Pour musique de troubadour

Mon frisson se fige de gel
Dans les spasmes froids de l'ennui
J'ignore où est le ménestrel
Porteur des mots de belle envie.

Octobre sans toi.

Le soleil de cet été indien
Chauffe mon désir de l'absence,
Lourde au creux banal du quotidien.
L'envie de toi, trouble silence.

Je te rêve, dans cet automne
Qui s'éprend des chaleurs de l'été.
Aux effluves de mes hormones,
Mes mains d'un vol à te caresser.

Aux courbes d'un ciel bleu le dessin
De tes formes envahit l'espace.
Sur la pointe de l'un de tes seins,
Un doux baiser pour dédicace.

En attendant la pluie !

Une baleine dans le port de Marseille !
« C'est assez ! » disent les sardines médusées.
Les meilleurs vins sont dans de vieilles bouteilles.
A trop la regarder, on use la beauté.

La réalité surpasse les fantasmes.
Les merveilles se cachent dans l'ordinaire.
Les peurs cèdent le pas aux émois, aux spasmes,
Ainsi vogue le navire imaginaire.

Le Rhône un jour se fera ruisseau asséché.
Une baleine bleue, pétrie de sarcasmes,
Ironisera sur une mer, ensablée,
Invoquant d'un ciel gris un violent orgasme.

Une rage de pluie de grains de sable sec
Fouettera de vieux écrans plats, éventrés.
Sur une plage, fétide de vieux varechs,
Un homme et une femme aux corps entrelacés.

Les loups rôdent sur la Camargue polluée.
Une sardine sent les eaux du grand fleuve.
Elle fait le compte de ses écailles bleutées.
Egarée, elle attend au large qu'il pleuve.

Lapin, lapin, tu es coquin !

« Il n'existe pas d'antidote ! »
Un lapin, croquant sa carotte,
Ignorant tout de la litote,
Me sort cette sentence sotte.

« Tu mets la main dans sa culotte
Et le désir est ton despote ! »
Poursuit-il assis sur sa motte,
Le pré parsemé de ses crottes.

« L'heure se lit sur les plis du désir.
Rien ne sert de pleurer ou gémir.
Quand il en est temps, il faut partir.
Quand c'est l'instant, il faut le saisir ! »

« Aimer c'est savoir ne pas mourir !
Mourir c'est oublier de s'aimer !
Tu veux toujours lui appartenir ?
Tu sais pourtant qu'elle t'a oublié ! »

Un lapin rigole entre ses dents,
Débitant ses sornettes au vent.
J'entends rire au loin des marmottes.
Mon rêve errant dans sa jugeote.

Mon sexe, fusil de plomb d'argent,
Crache son feu sur ces animaux.
Ils s'effacent dans le firmament.
J'ouvre les yeux, il fait déjà chaud.

Un chrysanthème sur ton cœur.

Un chrysanthème,
Pour dire je t'aime.
Sur tes jolis seins,
Des grains de raisin
Croquants de soleil.
Aux plus beaux réveils,
Un baiser de miel
Désir torrentiel.
Envers du bonheur,
Toussaint sur ton cœur.

Secret.

Un beau jour tu m'as dit :
« - J'ai rencontré quelqu'un ! »
Le ciel devint lourd, gris,
Comme intérêt d'emprunt.

Et puis on fit l'amour,
De très nombreuses fois,
Après ce triste jour
Du plus beau désarroi.

Comme s'il le fallait,
Entre nous un secret.
Une sorte d'étai
A notre amour muet.

A l'abri des regards,
Nos corps entrelacés,
Nous caressions l'espoir
De s'aimer à jamais.

Un tiers, pour exister,
Comme preuve d'amour
Impossible à nier,
Pour supporter les jours.

Pantomime de vie,
Entravée de nos peurs,
Nous vivions nos envies,
Pourchassant le bonheur.

Un espace hors du temps,
Irréel délicieux.
Au rythme des amants,
Se vouloir être deux.

Amour d'automne.

L'intuition du désir
Floconne ses secrets
L'énigme des plaisirs
Frissonne ses projets

L'automne les cache
Sous les feuilles rousses
Des liens se rattachent
Nouent de belles courses

Sur tes lèvres neige
Se posent des baisers
Sucre florilège
Silences pour s'aimer

Ton rêve s'invite
Aux mains de caresses
Que l'oubli évite
Au bleu de tristesse.

Lunes de Saturne.

Je te désire encore et toujours.
Comme les Lunes de Saturne,
Inlassablement je tourne autour
D'une fascination nocturne.

Un rêve étrange et fantastique.
Sur les seins d'une fée absente,
Vagues écumes oniriques,
Se pose une étoile géante.

Entre les cuisses d'une putain,
Pauvresse de misère noire,
Du froid silence fer d'une main,
Une flaque boueuse à boire.

·Etincelle de foudre magie,
Un baiser éclaire l'horizon.
Au cœur d'une somptueuse nuit,
Sur tes seins les traces d'un frisson.

L'univers apparaît en décor
De regards éperdus de désirs.
Plaisirs furtifs d'un bel âge d'or,
J'entends au loin un souffle gémir.

Non-dits.

Cette vieille peur,
Bulle oppressante,
Repousse bonheur
Jamais absente.

C'est pourtant très facile
D'aligner quelques mots
Fragiles et serviles
Avec l'air rigolo !

Craindre les foudres,
Folles violences.
Ne pas résoudre
L'incohérence.

Pourtant pas compliqué
De dire et exprimer,
Ciseler sur papier
Quelques mots chantournés !

Se croire coupable
D'absurdes délires.
Etre incapable
De s'entretenir.

Pas très sorcier pourtant
La magie bleue des mots.
Suffit d'un seul élan,
Pour pousser quelques rots !

Ne pouvoir jouir
Qu'en catimini,
En furtif plaisir,
Entre les non-dits.

Rimes silences,
Entre les amours.
Douces absences,
Reproches détours.

Sémaphore léonin.

Dans mon bestiaire nocturne,
Messagers des amours mortes,
Des animaux, taciturnes,
S'enfuient et prennent la porte.

Il reste une coccinelle,
Pendentif d'or fin et d'argent,
Qui ouvre larges ses ailes,
Montre la nacre de ses dents.

Un lion rugit contre le mur
D'une paroi haute et glisse.
Brouhaha vers un sourd murmure,
Crinière en lourde pelisse.

Lapin, tel un sémaphore,
De ses oreilles de carton,
Discourt encore et encore,
Asénant des coups de menton.

Une marmotte bien grasse,
Son œil noir sur une loupe,
Ramasse entasse et bavasse,
Un hérisson sur la croupe.

Une girafe tend le cou,
Jusqu'à toucher la Lune d'or.
Deux lièvres, sens dessus dessous,
Se boxent, sautent et font le mort.

Une paire de fesses bleues
Déborde d'un tabouret blanc.
Aux chutes de reins d'amoureux,
Des oiseaux prennent leur élan.

Vol silencieux, dans un ciel bleu,
Une baleine sardine
Rencontre un hibou malheureux.
Il ânonne une comptine.

Entrevue du petit matin.

Viens dans mon rêve
Tu seras soleil
Rencontre brève
Du plus doux réveil
Caresses d'amour
Sur peau de frissons
Un petit détour
D'un bel abandon
Reviens dans mes bras
Cueillir les parfums
Aux plis de tes draps
Le sel des embruns
Goûte à nos lèvres
Le sucre désir
Des fortes fièvres
Des spasmes plaisir
N'ouvre pas les yeux
Sur le jour venu
Ce matin il pleut
Des déconvenues.

En feu, à deux voix.

Je t'écrirai des poèmes,
Que tu ne voudras jamais lire.
Je chanterai des « je t'aime ».
Tu joueras à ne rien en dire.

Tes fesses brûlent mon désir,
Que tu promènes au firmament,
Le souffle de tous mes soupirs,
La source bleue de mes tourments.

Mes mains saisissent une ombre,
Qui s'estompe dans le couchant.
Caresses feux de pénombre,
Un foutre espoir suinte à l'encan.

Je te donnerai de l'amour,
Que tu croqueras en éclats,
Pour rire de tes jolis tours,
A ne croire qu'à nos ébats.

Amants des tournures de vie,
Complices des beaux désarrois,
A satiété cueilleurs d'envies,
Nous sublimons nos bleus émois.

Corps à corps de nos confusions,
L'un à l'autre à jouir folie,
Dans nos ultimes abandons,
Notre présent nous travestit.

Arles.

Un soupçon, une brise infime,
Le chant sourd d'une clameur chaude.
Le long des murs de Saint- Trophime,
Le vent sec, en roi, baguenaude.

Des arènes au théâtre antique,
Quelques pas de géant dans le temps,
Les cris d'une foule authentique,
La Provence, au Rhône, son amant.

D'une Camargue, mystère d'eau,
Qu'un Mistral épouse au gré des ans,
De Trinquetaille au forum, plus haut,
Luma, appel d'avenir changeant.

Une ville respire ses parfums,
Pierres et habitants se parlent
Du bel accent chantant des tribuns,
Photos soleil taurin du cœur d'Arles.

Flocons de silence.

L'écho des voix, fondu
Dans le froid des flocons,
Comme lave de boue
Sur le flanc d'un volcan,
Râpe les images,
Pour laisser un voile,
Gris impénétrable.

Un mur mange les sons.
Blanche camisole,
Bâillon des souvenirs,
Enfermement sans fin,
Au profond silence,
Lourd et ouaté de froid.

Aveugle aux alentours,
Sur une île sans bord,
Au sommet d'un vide,
La voix geint d'un souffle,
Gèle son cri éteint
Contre un mur d'épaisseur.
Flocons de silence.

Neige réchauffement
D'une Terre moins bleue
Aux typhons d'océans
Les voix sonnent en creux.

Météo.

Je t'offre un soleil, qui s'éclaire de l'espoir,
Un rêve à croquer, au cœur du jour, loin des peurs,
Une image pour enfants sages sans miroir,
Un baiser du désir aux caresses saveurs.

Tu me donnes un ciel, aux profondeurs des envies,
Un frisson de plaisir en vagues de ressac,
Les silences profonds des mots sans interdits,
Enfouis en secret au profond de ton sac.

Nous feignons de croire aux aléas du destin,
Aux langueurs d'attentes, aux longues absences,
Aux regards posés sur les détours des chemins,
Comme excuse, plausible alibi d'errance.

Je t'aime et toi non plus. Tu m'aimes et moi non plus.
Magnétisme des contraires, au cœur du désir,
Le temps se traîne, s'étire en déconvenues,
Dans les rides creusées sur la peau du plaisir.

Flocon brûlant.

« Tes fesses de fée me font fondre »,
Dit un flocon à sa déesse.
Elle s'empresse de lui répondre,
Rêve magie déjà promesse.

Le trouble bleu de doux souvenirs
Vient à bout des plus longs froids d'hiver,
Renaissance et confusion désir
Présent, passé, futur, à l'envers.

Je ruisselle sur ton grain de peau,
Jusqu'aux rides les plus secrètes,
Tourbillons du désir, gerbes d'eau,
Gel, flammes, feu, neiges en fête.

Un flocon froid n'a aucun futur
Au feu des flammes de l'amour,
Métamorphose bleue, gerçures,
Fluide il coule aux lèvres des jours.

Je fonds de rêves, froids et brûlants,
Gel d'hiver, je suis déjà printemps.
Le devenir prend source et élan,
Pour être la saison des amants.

Aux temps froids d'hiver, virevoltant,
Comme une brise chaude d'été,
Un flocon, sur les ailes du vent,
Se pose et fond du bonheur d'aimer.

Ultime.

Etranger à leurs amours,
Sur l'île de son rêve,
En quête d'un grand retour,
Il brûle un feu de grève.

Au large, les amours bleues,
Sous les désirs Alizées,
Voguent de leurs jours heureux,
Vers des rives espérées.

Les pieds nus, se tord un pas,
Sur des galets acérés.
Au ressac d'un espoir las,
Les embruns, bien trop salés.

Ensemble, sans être deux,
Au même coin d'univers,
A sentir brûler le feu
Des passions d'un même enfer.

Des milliards de galaxies,
Dans un vide insondable,
Soudées par un même ennui,
Aux amours insatiables.

Sur une Terre froide,
Au rythme de son cœur chaud,
Un homme, aux sueurs froides,
Croit encore au poids des mots.

Pauvre fou de faim d'amour,
Il déverse des rimes,
Dans un flot du jour le jour,
Un dernier cri, ultime !

Cascades.

Aux rivières du désir
En cascades de glace
Le temps fige l'avenir
En profondes crevasses
Frissons des impossibles
Scintillements des regards
Silences d'indicibles
Froides chaleurs du hasard
A la chute de tes reins
Cascade de fantasmes
De caresses de la main
Un nouvel enthousiasme
Un espoir naît du désir
D'un printemps de rencontre
Sources chaudes du plaisir
Temps perdu sur nos montres
Nos lèvres cherchent souffle
En effleurement de peau
L'hiver dans ses pantoufles
Aux ruissellements de l'eau
Sur tes seins la complainte
De frissons pointes roses
Sur ton ventre une plainte
Nos corps jouir s'exposent.

Souhait de Saint Valentin.

Quand on s'embrassera
Enlacés sur l'herbe
Un coucou chantera
Un très vieux proverbe

Un lapin sautera
Entre les narcisses
Ma main caressera
La peau de tes cuisses

Une coccinelle
Perdue sur tes cheveux
Déploiera ses ailes
S'envolant vers les cieux

Au fond de nos regards
Le reflet du désir
Conjurant les hasards
Nous dira l'avenir.

En attendant ce jour
Je me gèle l'espoir
A croire en nos amours
Derrière le miroir

Ni coucou ni lapin
Tes cuisses en rêve
L'espoir en creux de main
D'une vie trop brève

Bien fol est qui s'y fie
Chantonne une puce
Sautillante d'envie
De mordre à l'astuce.

Aube.

Parfum femme au sexe désir
Grain de peau caresse d'envie
Aux bornes frissons du plaisir
S'ouvrent les espaces de vie
Je te cherche ou tu t'absentes
Aux confins de la conscience
Nos corps glissent sur la pente
Des lointaines jouissances.

On se fait la belle.

Tes fesses girondes
Tes petits seins pointus
La Terre plus ronde
De ton joli p'tit cul

Des caresses des yeux
Des baisers du regard
De distants entre deux
Le destin des hasards

A mordre nos lèvres
Le froid a congelé
Nos plus chaudes fièvres
Passion inachevée

Des plaisirs suggérés
Anti déconvenue
Impasse en bout de rue
Le désir dénié

Sans amour nos corps nus
Dans le miroir sans tain
De frissons dévêtus
En quête de destin

Nos vies parallèles
A distances perdues
De paroles frêles
Comme deux inconnus

Nouvelle rencontre
D'amants infidèles
Aux cadrans des montres
On se fait la belle.

Enthousiasme d'un cœur amoureux.

Des fleurs pour leur doux parfum
Des carottes pour le teint
Des caresses tendresse
Et plus que tout de l'amour

Entre les murs du désir
Mon rêve court sur ta peau
Nos lèvres bleues à gémir
Muettes comme les mots

Ton absence emplit le temps
D'heures d'espoir éclaté
Dans l'attente d'un printemps
D'amour à réinventer

Je t'aime au rythme d'un cœur
Chahuté des énigmes
De silences vieilles peurs
Etranges borborygmes

La passion se fait miettes
D'un pain sec à mie rancie
Farine d'une quête
A demeurer vieux amis

Un vent souffle de son nord
Le froid des amours mortes
Triste printemps morne sort
La mort sonne à ma porte

Au bestiaire des envies
Des animaux empaillés
S'exposent privés de vie
En rimes entortillées

Des fleurs pour leur doux parfum
Des carottes pour le teint
Des caresses tendresse
Et plus que tout de l'amour.

Poème de février.

Je t'aime
Poème
Et toi
Emoi
La voie
Des choix
Trop court
Toujours
Sur l'herbe
Des verbes
Aimer
Baiser
En été
Caresser
A courir
A s'offrir
Au plaisir
De saisir
L'amour roi
Toi et moi
Désarroi.

Je t'aime encore.

Errances oniriques
Sur le rêve de ton corps
En balades magiques
Plages de petite mort

Au galbe de tes fesses
Caresses de l'ivresse
Electrique souffle fin
Sur la pointe de tes seins

Aux rivages de l'amour
Les ressacs de mon désir
Te retrouvent pour toujours
Aux promesses du plaisir

Une vieille maîtresse
Aux profondeurs d'océan
De secrètes faiblesses
Au cœur sec de vieux amants

Une vague emporte tout
Reste sur un sable froid
Des souvenirs bout à bout
Aux creux d'écorces de bois

Je t'aime encore au réveil
De mes nuits de voyage
Chaleur de ce doux soleil
Eternel et sans âge.

Amour.

Quand je te dis " je t'aime"
Je n'existe plus vraiment
Transcendance Suprême
Je suis au monde et absent

Éternel au désir fou
Le temps n'a plus de prise
Je suis pendu à ton cou
Les mains sous ta chemise

Vivre à toujours t'espérer
Certitude du futur
Nos absences conjuguées
De nos distantes ruptures

Je t'aime lointaine fée
Tes fesses en promesses
De douce félicité
Du temps de nos caresses.

Des mots, des rimes.
Démodées rimes.
Dés, mode et rime.

Mes mots d'amour glissent sur le temps,
Comme sur la glace d'un névé.
Jusqu'au bas de ton dos, en rêvant,
Ils laissent la trace de regrets.

Mes mots d'amour, souvent susurrés
Au creux de ton oreille absente,
Jusqu'à l'horizon vont s'égarer
En dysharmonie récurrente.

Mes mots d'amour, rengaine de vie,
Scandent en solitude désir
Les contresens des chaos d'envie,
Aux quatre coins de doux souvenirs.

Mes mots d'amour, couchés sur papier,
Déchirent la plainte impossible,
De lèvres par le froid lacérées,
D'une rencontre irréversible.

Mes mots d'amour, pour l'éternité,
Jettent une onde sans limite,
Chaude comme baisers échangés,
Jouissances bleues qui s'invitent.

Mes mots d'amour se prennent les pieds,
Dans une rime à la va-vite,
Jouissant du temps, au débotté,
Leurs phrases câlines m'abritent.

Alors.

Alors je n'aurais rien écrit
Sans les plus chaudes des couleurs
Sans les plus rauques de nos cris
Sans l'aspiration au bonheur

Alors je n'aurais rien écrit
Sans les caresses de ta peau
Sans les plus secrets de nos plis
Sans nos corps nus sans oripeaux

Alors je n'aurais rien écrit
Sans la torture de mots fous
Sans les pulsions de mes envies
Sans les impasses entre nous

Alors je n'aurais rien écrit
Sans te dire que je t'aime
Sans l'indicible et les non dits
Sans le chaos des dilemmes.

Rimanche.

Une rime sur tes hanches
Comme un baiser sur tes lèvres
Pour le plus beau des dimanches
Les plus beaux bijoux d'orfèvre

Mes mots comme une avalanche
Roulent sur ton doux grain de peau
Mes mains sur tes fesses tranchent
Les secrets du creux de ton dos

Au jeu d'amour sans revanche
Aux frissons d'orgasmes sans peur
Au cœur lointain de nuits blanches
A goûter les mêmes saveurs

Rimes moites rimes franches
L'amour se fout de ses regrets
Franchissant les murs étanches
Pour effacer tous les secrets

Dimanche rime avec anche
D'une musique en rimanche
Néologiste revanche
D'une rime sur tes hanches.

Mot à mot.

Au petit matin
Devant ma glace
Je crie des quatrains
De mots vivaces

J'ai envie de toi
En alexandrins
Je manque de toi
Un poil dans la main

Ecrire ! Plus encore !
Une musique
Caresse ton corps
Rimes cycliques

Je te fais la cour
Comme un vieil amant
Econduit balourd
Prisonnier du temps

Les mots font le ciel
Aux couleurs d'envie
Saveurs sucre miel
Pour les jours trop gris.

Onychophage.

Un onychophage,
Dans la préfecture,
Se mord et enrage
De la conjoncture…

Je rêve tes fesses.
Je désire ton cul.
Deviens ma maîtresse,
Je n'en parlerai plus.

Se ronger les ongles,
Quand on est un préfet…
Avec toi je jongle,
Du réel aux reflets.

Dans le miroir matin,
Je croise mon destin.
Un préfet trop coquin,
Est-ce républicain ?

Dans ton slip, Y'a un type.
Dans sa main, un destin.
Dans ma tête, y'a une bête,
Qui gratte ses chagrins.

Un onychophage
Bande comme un âne.
Pas toujours très sage
D'être dans son crâne.

Préfet qui hésite,
Ongles au sang rongés,
Se touche la bite,
Sans risque d'se griffer.

Je flâne dans le vent
D'images de ton corps.
Frustration du vivant,
Un préfet qui se mord…

Images mélangées
D'un temps qui se traîne.
A trop te désirer,
J'en ai la migraine.

Comptine rime avec ine...

Pose ta culote
Qu'on se tirlipote
Petite Minotte
Viens que je te croque

Une chansonnette
M'occupe la tête
Tes belles gambettes
Folles galipettes

Elle est rigolote
Même un peu nioniotte
Pas pour les bigotes
Qui sont trop dévotes

C'est une comptine
Qui sent l'aubépine
Paroles câlines
Mieux que l'aspirine

Elle est pour les anges
Que l'amour démange
Même si elle dérange
Elle n'a rien d'étrange

Pose tes vêtements
Sur les rebords du temps
Laisse ce beau printemps
T'offrir tous ces amants

Pose ta culote
Qu'on se tirlipote
Avec nos menottes
A touche pelote.

Métro.

Dans les galeries de rats,
Court un relent de parfum.
Sur les rails, un train s'en va.
Sous les bras, pierre d'alun.

Mélange couleurs d'odeurs,
Un écran noir sans relief,
Agrégat, moites sueurs,
Fragrance de vieux griefs.

Eau de toilette nausées,
Tous les espoirs asphyxiés.
Sur les murs publicité,
De la lumière à rêver.

Le bruit sourd, sans profondeur,
De vies déjà enterrées.
Dans les yeux, quelques lueurs
D'amours à réinventer.

Bobos loups.

Dénaturés
Aux cris du loup
Les hommes fous
Veulent espérer

Dans la nature
De nos espoirs
Les créatures
Du désespoir

Quelques brebis
Sur l'alpage
Les grains de riz
D'un carnage

Chacun pour soi
Berger tu meurs
De l'entre soi
De bons penseurs

Un loup hurle
Au vent folie
Crépuscule
En incurie

Rien à foutre
De l'histoire
Des folâtres
Territoires

Les bobos rois
L'ont décrété
Le loup est roi
Mort aux bergers !

Printemps des ravages.

Aujourd'hui 20 mars,
Le printemps de neige
Pointe ses giboulées.
Quinze pour cent des oiseaux
Ont déjà disparu,
Morts de désherbage.

Les villes silence
N'entendent plus les sons
De l'effervescence
Ni de nos grands frissons.

Désir et frustration,
La belle équinoxe.
Sans ses hirondelles,
L'été sera moins bleu.
C'est le temps des intox,
De toutes les questions.
Passions immortelles,
Doutes des entre deux.

Aujourd'hui 20 mars,
Le beau sortilège.
Une saison est née,
Sans le cri des corbeaux,
Passés inaperçus
Au temps des ravages.

Ces mets d'amour.

Au fil bleu des mots
Chaudes dissensions
D'âme à fleur de peau
Des êtres de plomb

Comme un navire fou
Rouler sur le cours
d'un bel entre nous
Houle des amours

Vagues du désir
Aux ondulations
Spasmes du plaisir
De longue érosion

Des jours de passion
S'éprendre et jouir
Oublier le nom
De l'autre et partir

Printemps en morne Macronie.
2018

Dans cette relation virtuelle,
Le fantasme dirige mon temps.
Un fossé se creuse, sans borne,
Dans les abîmes de distance.
Proche et lointain aux vagues doutes,
Je surfe fragile sur l'envie.
Comme un délire fou, délicieux,
J'entretiens l'instable désir,
En ses mots magiques de l'amour.
A croire encore l'incantation
Souveraine de chaque instant,
Le silence berce langoureux
Chaque pulsion en fol espoir.
L'impossible est sombre hérésie
D'une résignation à s'aimer.
Un poisson d'avril revêt
Une redingote rouge
Pour ressembler à une écrevisse cuite.
Un soleil se peint de bleu,
Pour mieux éclairer le blues.
Ainsi coule le désespoir,
Dans les veines ouvertes du temps.
Ainsi se fond mon rêve au réel.
Ainsi je te perds,
Au vol d'une hirondelle revenue
Des lointaines contrées.
C'est déjà le printemps !

Agapes oniriques.

Tes fesses, comme miroir de Lune,
Eclairent mes nuits de rêves sans fin.
Déesses bleues de mes infortunes,
Evanescences des petits matins.

Intangibles, comme un souffle de vie
Accroché aux espoirs amours folles,
Elles se baladent, étoile d'envie,
Sur laquelle mon désir caracole.

Ton sexe ouvre une porte merveille,
Couleur de nacre et de nectar divin.
Mes nuits de voyages s'émerveillent,
Au-delà des escales du lointain.

Un regard bleu plonge au cœur des appels
A demeurer sur les rives tendres,
Langoureux et longs baisers virtuels,
Où nos désirs cherchent à s'éprendre.

Tes fesses de fée et tes petits seins,
Ton grain de peau aux caresses de main,
Ton ventre plat, les frissons de tes reins,
Vagues et ressacs d'insatiable faim.

Comme un feu noir et froid.

Dans ce ciel bleu noir et froid
Une étoile comme un feu
Attisé par un émoi
Couleur d'or bijou précieux
Comme un diamant sur la peau
D'une femme au regard bleu
Reflet scintillant sur l'eau
Regrets d'un cœur amoureux
Crépuscule du printemps
Lumière transcendante
Désir d'un amour brûlant
Passion incandescente.

Messagers de l'amour.

De la Terre aux étoiles
Tous ces mots et SMS
Ces textes sur la toile
D'hommes et de déesses

Le temps hors de limites
Court après une pulsion
Ces nombreuses invites
D'une seule vibration

Des phrases de mots de feu
Avec leur ponctuation
Au souffle de leurs mots bleus
Tissent l'imagination

Comme autant de prières
D'incantations au long cours
Enrubannant la Terre
Mots messagers de l'amour.

Défis d'amour.

A la douceur d'un petit matin bleu
La tendresse câline a susurré
En caresses tendres d'amants heureux
Le parfum miel d'un désir partagé

Au soleil chaud d'étés illuminés
Sur l'herbe douce de leurs envolées
Sous le ciel profond leurs corps emmêlés
Le désir de l'autre réinventé

Sous l'orage d'une nuit de juillet
Blottis contre le rêve impossible
Aux échos tonnerres de leurs secrets
Une brèche ouverte irréversible

Hors du temps des jours qui s'éternisent
Aux creux des absences de froids oublis
Dans les rides profondes méprises
L'amour reconnu jette ses défis.

Courbes des lettres.

Ballade romantique sur la tendresse,
A l'étale des mots de rimes en esse,
Trésor de passion, les courbes de tes fesses
S'imposent en cadre doux de mes faiblesses.

« *Ce qui est rare est précieux* », chante l'adage.
Logées au coin de mes souvenirs de sexe,
Tes fesses se promènent au fond des âges,
Posées sur le A, en accent circonflexe.

Dérive des continents de mes images,
Formes psychiques d'un esprit bleu en transe,
Tes fesses, vocabulaire babillage,
Balbutiement d'un désir, pulsion, romance.

Au détour des mots libérés de contrainte,
Tes fesses se posent, aériennes déesses,
Ponctuation d'étreintes folles sans crainte,
Sur les courbes des lettres quelques caresses.

Mon bon Lapin.

Fatigué de ses sornettes sans queue ni fin,
Frappées au coin de conneries ordinaires,
J'ai décidé d'en finir avec ce lapin.
Je l'ai transformé en viande alimentaire.

Cuit dans mon assiette il faisait moins le malin.
Je l'ai mangé, sans le moindre commentaire,
Oublié, digéré, pas le moindre chagrin,
Sa peau sèche au mur de mon imaginaire.

Je m'en ferai un bonnet, pour les longs hivers.
J'ai gardé les oreilles, pour ouïr le vent.
Plus de conseils ni vieux adages de travers,
Une carotte au bec, je regarde en avant.

J'en ai fait un civet, mariné au bon vin.
J'ai rongé ses côtes, ses cuisses et son cœur.
Avec du pain frais, un Bourgogne et ma faim,
De bon appétit, j'ai croqué mon bonheur.

Enarques, au turbin !

Elles montrent leurs fesses déjà molles,
Le long de la nationale noire.
Ras la moule, jupe camisole,
Putes misère, au froid territoire.

Peau mate aux rides de pauvres fesses,
Exposées sur l'étale de la mort,
Se vendre pour quelques tristes pièces
Au premier sexe à bander sur leur sort.

Elles sont une dizaine à l'asphalte
De quelques kilomètres du siècle,
Traînant leur corps à vendre sans halte
Dans la galère d'un infernal cercle.

Leur peau, leur cul, pour seule vraie monnaie
D'une liberté enchaînée, perdue.
Le sperme d'hommes morts pour seule paie,
Filles du silence à perte de vue.

Bordure d'un golf chic à dix huit trous,
L'Isère coule son limon de vie.
A deux pas, sur la route, sous écrou,
Des filles saignent leur vie sans un cri.

Silence complice, chacun passe
Sa route vers son destin quotidien.
Un œil furtif sur ces fesses lasses,
Chacun se rougit du sang des putains.

Belle démocratie de primates,
Nous inventons des énarques sans fin,
Quand sur la route, culs sans cravate,
Quelques filles abondent le turbin.

Morale républicaine grand teint,
Nos lois régissent cet agencement.
De leur sexe mort, leur ventre, leurs seins,
Les putes sont nos plus beaux reniements.

Comme un filet de sang.

Fou, d'un impossible devenir, délirant.
Dans le miroir coule une boue, lave d'espoir.
Elle ruisselle sur ma face, bourbeux torrent,
Ton regard bleu, au crépuscule, à se revoir.

Désir insatiable de caresses de feu.
Mes rides s'enflamment, sur le sillon des ans.
Brûlures intenses du cœur des entre deux.
Corps à corps, à devenir, en nouveaux amants.

Aux courbes de ce fleuve, lascif, lancinant,
Flotte le même esquif, poussé par les senteurs
Du désir des espaces d'amours et d'élans.
Lèvres bleues, mordues de la rage de bonheur.

Le miroir s'effondre, montre molle de vie,
Sous les caresses de mains aux doigts livides.
Une boue de sang, dans le lavabo rougi,
Dessine l'oubli froid des êtres rigides.

Je t'aime, comme un liquide en son contenant,
Aux formes sans cesse modelées, contenu,
Enfermé dans une enveloppe sans dedans,
J'avance en éther, dépouillé d'image, nu.

Une mouche folle, brûlée d'un été sec,
Pose ses pattes velues sur un galet bleu.
Un bruit saugrenu de vie, la mort en échec.
Au creux du lavabo, insecte malheureux.

Objet de mon désir.

Je ne sais pas si j'aurai la force,
D'espérer encore aux lendemains froids,
Tel un arbre dépouillé d'écorce,
Les caresses sur ma peau de tes doigts.
Jusqu'au bout du temps de fantasmes mous,
Je ne sais pas et devrais-je savoir,
Ce qui demeure au réel entre nous,
Ce qui n'est qu'errance du désespoir.
L'important n'est pas tant d'aimer toujours,
Que de croire aux possibles rencontres
Du désir aveugle, aux coins des contours
D'êtres éphémères, qui se montrent
Encore en vie, dans leur enveloppe.
Je cours à la perception infime.
Tes fesses, l'image psychotrope,
En rêves d'insatiable victime
D'un sentiment doux de plénitude.
A pénétrer ton sexe prisonnier
De l'oubli de toutes habitudes,
Rares instants de belle éternité,
Je ne sais pas si j'aurai la force,
De contraindre longtemps le fol espoir
Ni de m'imposer le froid divorce.
Objet neuf du désir à entrevoir,
L'instant me pèse moins que l'absence
D'un devenir possible, au creux d'amours.
Désir et rejet, l'ambivalence
A se vouloir être aimé pour toujours.

Mille-feuilles bleu des amours.

Perpétuelle attente au cœur de l'absence,
Dans une puissance magique, latente.
Incantations renouvelées, en errance,
D'images bleues, balbutiées, incohérentes.

Imprégnation définitive de l'être.
A jamais inscrit dans ses atomes de chair,
Le parfum, aux nuits d'un sexe à se soumettre,
Du désir, souffle de vie, fulgurant éclair.

Immobilité dynamique de l'espoir,
A contourner les chocs du réel désastre,
Ne croire à rien, dans l'impassible nonchaloir,
Qu'au corps d'une seule déesse pour astre.

Laisser le grand fleuve des eaux des contresens,
En son delta, où se perdent les souvenirs.
Ne boire que l'eau nectar du rêve des sens,
Corps à corps perdus, dans la soif du devenir.

Le temps naît des amours perdues trop désirées.
Lamination des jours en mille-feuilles bleu.
Sablier de mots, entre des lèvres gercées,
Les morsures de baisers, toujours amoureux.

Insatiables infidèles.

Langue d'arabesques lascives, caresses,
Ecriture codée du désir sur tes fesses,
Les fantasmes de ce réel de pulsions bleues
Courent en paroles, silence d'un entre-deux.

C'était ailleurs, autrefois, jadis et déjà
La source coule de la même eau sucre doux
Sur les lèvres closes d'un amant dans tes bras.
L'éphémère plaisir de secrets rendez-vous.

Une onde, rayon spectre d'imperceptible,
Vient aviver l'intuition des êtres de chair.
Trame tissu des rencontres illisibles,
Un lien combine les corps, force d'un mystère.

Du bout des doigts, le temps s'écrit en promesses,
Au cœur des impossibles, prononcés sans fin.
Le sexe en ses belles indélicatesses,
Insatiable infidèle, satisfait sa faim.

Je te cherche encore au bout des chemins sans but
Déesse improbable d'un plaisir imagé.
Animal humain, âme errante, corps en rut,
Je sens vibrer les parfums du désir celé.

Corbeaux et vautours.

Où se cachent les corbeaux noirs, pour faire l'amour ?
Dans les arbres ? Dans les lettres anonymes ?
Dans les cieux bleus, planent silencieux les vautours,
Qui savent les secrets et ombres des cimes.

La tribu palabre des ses croassements,
Dans les conflits et brouhahas de territoires,
Couleur de jais, étendard de ses ralliements.
Les amours corbeaux ne se donnent pas à voir.

Sur écrans pornos, la violence s'exhibe,
Donnée à voir aux frustrés des câlins d'amour,
Ersatz d'école, pour mineurs qu'on inhibe,
Dans un prude consensus de sinistres jours.

Les vautours gardent le temple de l'argent roi.
Tout se vend, tout s'achète, même les amours.
Les corbeaux se cachent, loin de tout désarroi.
Le sexe, marchandise des hommes vautours…

Prochains câlins.

Envie de tes lèvres.
Chaude et douce fièvre.
Du soleil, de la pluie,
Désir inassouvi.

Dessin sur tes cuisses.
Langue d'une esquisse.
L'amour en caresses
D'une belle ivresse.

Long et tendre baiser,
Aux souffles mélangés.
Corps à corps, en apnée,
Abysses d'air, grisés.

Encore et encore,
Du soir vers l'aurore,
De l'aube vers la nuit,
Irrésistible envie.

Nos lèvres secrètes
D'histoire incomplète
Tiennent notre destin
Dans nos prochains câlins.

Dans les yeux.

Poulet safran
Dans tes yeux bleus.
Rester amis
Coccinelle.
Te caresser
Sur les fesses.
Qui aime qui ?
Être amoureux.
Passe le temps.
La tendresse,
Douce et belle.
Eternité.

Ménisque droit ou gauche.

Ménisque du genou fêlé.
Articulation des années.
La mécanique est enrayée,
Va bien falloir la réparer !

Douleur du corps, soudain bridé,
Comme un cheval très enrêné,
La volonté est entravée
Par la simple animalité.

Passées les bornes limites
L'espace reste à conquérir,
L'imagination s'invite
Sur des rêves à découvrir.

Aux secrets des rouages nus,
Une huile douce lubrifie
Les plus belles déconvenues.
Autant de désir et d'envie !

Reste le corps infidèle
Et ses ruptures sournoises.
Que l'on soit laide ou trop belle,
Tous les temps sur son ardoise !

Comme en amour, à se rêver
Possible sans le corps soumis,
Jusqu'au bout de l'éternité,
Vient toujours un baiser conquis.

Fêlure, disgrâce du temps,
Morsure d'un grain de sable,
Dans un genou, impunément,
Le corps, seul, propre comptable.

Prémonition bleue de feu.

Catastrophe maritime !
Un mastodonte s'enflamme.
Bénéfice légitime
Du profit, sans aucune âme.

Touristes fous écervelés,
Croisière de compensation,
Les mers mortes et asséchées,
Croisière de désolation.

Personne, nul marin sensé
Ne sait porter assistance
A un gros navire incendié
A trop longue distance !

Carcasse de feu, haute mer.
Certains diront on le savait,
Dans la gorge un goût très amer,
Tribut aux financiers parfaits.

Alors on se lamentera
A grands coups de films d'horreur,
Et puis on recommencera
Les croisières bleues de la peur.

Amour d'entresol.

Sur tes lèvres,
Des mots mièvres.
Sur tes fesses,
Des caresses.
Le temps lace
Ses impasses.
Beaux rapaces,
Qui s'enlacent.

Chaque rêve
Sur la grève,
Ressac de vie,
Ondes d'envies.
Rayon Lune
Sur la dune,
L'amour s'ennuie
Aux jours de pluie.

Grain d'éternel,
Bel irréel.
Frisson désir,
Mots à frémir.
Aux bords lointains,
Corps aériens
Dans leur envol
De l'entresol.

Nuit étoilée
D'un bel été,
Au béton chaud,
Peau contre peau.
L'indicible
Moins terrible.
Le sexe roi
Vend ses émois.

Comme un quatorze juillet.

Tu manques à tous mes étés
Depuis nos amours assoiffées
J'ai fui la Terre ce bel été
Au sucre bleu de tes baisers

Feu d'artifices de juillet
La République sans regret
Fête chacun de ses succès
Nos amours gardent leur secret

Gerbes de fusées de couleurs
La nuit se peint de ses bonheurs
Aux rencontres des âmes sœurs
Nuit de velours au chant du cœur

Une coccinelle envolée
Jusqu'aux bords de l'éternité
Donne à mes jours un goût salé
Mémoire d'un amour liberté

Égalité Fraternité
Sur le sol à jamais figées
Scrutent le ciel illuminé
En quête d'un beau scarabée

Tu manques à ma liberté
Une devise inachevée
Déchire ce beau ciel d'été
Je t'aime à toujours t'espérer.

Si et seulement si...

S'il pleuvait, tu me prêterais ton parapluie,
Sous les rayons du soleil, ta crème à bronzer.
S'il neigeait, tu donnerais couleurs à la vie
Entre les flocons de givre, l'envie d'aimer.

Météo démente des frustrations d'amour,
Des nuages noirs couvrent d'ombre l'avenir.
Des caresses frissons oubliées pour toujours,
Le désir se morfond au rêve de plaisir.

Si la Terre était plate, je t'aimerais mieux.
Si elle était carrée, je ne sais pas trop bien
Ce que je ferais, pour te crier " je te veux!".
Elle est ronde, comme le sont tes petits seins.

Tes fesses, dans la galerie des fantasmes,
Sur l'horizon rougi par le soleil du soir,
Aux caresses, promesse de foudre orgasme,
Attisent une braise, chaude de fous espoirs.

Intuition animale.

Quiétude subliminale
Je me pénètre d'un rêve
Que l'intuition animale
Chaque instant chaque heure élève.

Entre nous les dés sont jetés,
Sur nos peaux les frissons anciens
De caresses d'amants pressés
Résonnent encore sous nos mains.

Nos lèvres gardent leurs secrets
De mots susurrés sur le temps,
Pas de place pour les regrets
Sur la plage des contretemps.

Viens dans mon rêve de désir,
Sur les bords nus des abandons.
Nous partagerons les plaisirs,
Que nos émois inventeront.

Dis-moi que tu ne m'aimes pas…
Il suffira d'un seul regard,
Alors je ne te croirai pas,
Parce qu'il sera bien trop tard.

Cornichons condiments.

Des cornichons à l'estragon
Dans le vinaigre blanc à l'ail
Du thym du laurier de l'oignon
Pas un oubli dans le détail

Les conserves de chaque été
Tiennent le soleil au secret
Des tours de main bien préparés
Pour que l'hiver ait ses regrets

J'ai mis nos baisers en boîte
Dans les pots de confiture
Pour suivre la voie étroite
De nos belles aventures

Cornichons aigres condiments
Tiennent le sel canicule
Caresses torrides d'amants
Au secret d'une formule.

Sans nom.

Ton nom sur le sable
Le vent l'a effacé
Ton nom sur la plage
La mer l'a avalé
Ton nom en nuage
La pluie l'a déchiré
Ton nom en désir fou
L'amour l'a aliéné.

Mon désamour.

Mon rêve et mon désir s'unissent,
Pour te faire l'Alpha Oméga,
Pour que cet idéal surgisse
De ces temps bleus, que l'on n'attend pas.

Tu me dis n'attendre rien de moi
Et ton silence se fait secret
Des élans de mes tendres émois.
Je reste accroché à tes regrets.

Je prends le large vers cette île,
Où je t'espère sur la rive.
Sur un radeau, forçat servile,
J'avance aux courants, en dérive.

Tu es muse et passion incarnée,
Je suis fou et tu es aliénée.
Nous sommes les amours échappées,
S'oubliant, se cherchant à jamais.

Mots complexes.

C'est sur tes fesses
Que la tendresse
Trouve l'adresse
De ses caresses

C'est sur tes lèvres
Que nos baisers bleus
Figés de givre
S'embrasent d'aveux

C'est sur ton ventre
Que pèse un secret
Où l'amour entre
Dans les jours d'arrêt

C'est entre tes seins
Qu'une rivière
Coule son destin
Désir prospère

C'est sur ta nuque
Qu'une fragrance
De bel eunuque
Feint l'attirance

C'est sur ton sexe
Qu'une logorrhée
De mots complexes
S'ancre sur papier.

Prédictions d'été.

Pesant poids, ancré ailleurs,
Un secret tient ton bonheur.
Laisse lourde d'un vieux plomb
De noirs abîmes sans fond.
Trop cruelles ruptures
Sur une peau violentée,
Lambeaux de déchirures
D'une fracture passée.

Tes amours bleues s'égarent
Sur les voies d'impossibles,
Aux tendresses trop rares,
Sur des mots indicibles.
N'espérant désormais rien,
Tu berces ce vieil écueil
Sur les frissons de tes reins,
De lèvres toujours en deuil.

Laisse-toi couler au fond
Du silence des amours.
Dans les rides d'abandon,
Une vague, sans retour,
Emportera ton destin
En désir apprivoisé,
Sans plus de chaîne ni lien.
Ta blessure refermée.

Pose ce collier brûlant,
Qui soude les cris d'envie
Sur les rives bleues du temps
Où coulent les jours qui rient.
Offre ton cou au soleil,
Au sel de mer, aux vents chauds!
Les mots doux de ton éveil
Viendront caresser ta peau.

Crozon.

Palombes dans le jardin
A Crozon petit matin.
Furtive approche du sud.
Île longue puissants skuds.

La vie et la mort en vol.
Le soleil au ras du sol.
Plumes lisses, métal froid,
Un subtile désarroi.

Espèces en perdition.
Que vaut la vie des pigeons ?
Sous marins nucléaires
Des nations militaires.

Un frisson me transperce,
Une légère averse.
Je suis du monde vivant,
Égaré entre migrants.

Désir rouvert.

Un oeuf blanc sur un toit,
Un sexe piscine.
Une pensée vers toi
Fureur libertine.
Cadaqués, le génie
De Salvador Dali
Transcende l'interdit
D'un souffle. Je m'écrie.
Je peins. Le désir mord
Sur des vagues de mots.
Et quand je t'aime encore,
Rien ne reste plus fort!

Cadaqués.

De soleil et de vent
Bleue blanche rouge et or
L'énergie du levant
Nouveau conquistador
Au delà du rêve
Sur un cap aux amours
Un vieil arbre en sève
Peint la vie sans détour.

Source de jouvence.
Oliveraie verte.
Intense démence.
Des portes rouvertes.
Désir d'iode bleue.
Je te cherche, te veux,
Sur l'arbre des enjeux.
L'amour toujours en creux.

Printemps intempestif.

Entre les averses
Couleurs controverses
Cinglantes giboulées
Du soleil printanier
Entre les rayons fiels
Au profondeur de ciel
Sommet tellurique
D'un souffle érotique.

L'homme de l'automne
Glisse du jaune au vert
Neige monotone
Sur un rêve de chair
La mer perd ses couleurs
L'écume au sel des jours
Perle d'une saveur
Aux arômes d'amour.

Je crie encore plus fort
Au bruit des mouettes
Le chant du désaccord
Désir pirouette
Je ne sais où tu es
Sur les flancs d'horizon
Je délivre un secret
Le cœur sec vagabond.

Le printemps se remet
D'un hiver bien trop long
Effaçant les regrets
Le temps devient plus rond
Je me prends à rêver
Aux suaves baisers
De tes lèvres d'envie
Je goûte à l'infini.

Table des matières

Au cœur d'un bel été. 5
Rue saute minet. 6
Bleu d'écaille. 7
Espoir animal sur canapé mou. 8
Inventaire 9
Rien n'est sûr. 10
Baiser bleu. 11
Sel de mer. 12
Bulles minérales. 13
Création. 14
Cœur sec. 15
Comptine 16
Au fil du temps des amours… 17
Déjà demain. 18
Sur ma peau de vent. 19
Caillou froid. 20
Petit oubli. 21
Plage de Sainte Croix. 23
Rêve plat. 24
Peinture de nuit d'été. 25
Germination d'amour. 26
Ménestrel pour troubadour. 27
Octobre sans toi. 29
En attendant la pluie ! 30
Lapin, lapin, tu es coquin !.. 31
Un chrysanthème sur ton cœur. 32
Secret. 33
Amour d'automne. 35
Lunes de Saturne. 36
Non-dits. 37
Sémaphore léonin. 39

Entrevue du petit matin. 41
En feu, à deux voix. 42
Arles. 43
Flocons de silence. 44
Météo. 45
Flocon brûlant. 46
Ultime. 47
Cascades. 49
Souhait de Saint Valentin. 50
Aube. 52
On se fait la belle. 53
Enthousiasme d'un cœur amoureux. 55
Poème de février. 57
Je t'aime encore. 58
Amour. 59
Des mots, des rimes. 60
Alors. 61
Rimanche. 62
Mot à mot. 63
Onychophage. 64
Comptine rime avec ine… 66
Métro. 68
Bobos loups. 69
Printemps des ravages. 71
Ces mets d'amour. 72
Printemps en morne Macronie. 73
Agapes oniriques. 74
Comme un feu noir et froid. 75
Messagers de l'amour. 76
Défis d'amour. 77
Courbes des lettres. 78
Mon bon Lapin. 79
Enarques, au turbin ! 80
Comme un filet de sang. 82
Objet de mon désir. 83
Mille-feuilles bleu des amours. 84
Insatiables infidèles. 85

Corbeaux et vautours.	86
Prochains câlins.	87
Dans les yeux.	88
Ménisque droit ou gauche.	89
Prémonition bleue de feu.	91
Amour d'entresol.	92
Comme un quatorze juillet.	94
Si et seulement si…	95
Intuition animale.	96
Cornichons condiments.	97
Sans nom.	98
Mon désamour.	99
Mots complexes.	100
Prédictions d'été.	101
Crozon.	103
Désir rouvert.	104
Cadaqués.	105
Printemps intempestif.	106